बच्चों के लिए

रामायण की कहानियाँ

जे. एम. मेहता

GOOPU BOOKS

An Imprint of वी एण्ड एस पब्लिशर्स

प्रकाशक

GOOPU BOOKS

An Imprint of वी एण्ड एस पब्लिशर्स

F-2/16, अंसारी रोड, दरियागंज, नई दिल्ली-110002
23240026, 23240027 • फैक्स: 011-23240028
E-mail: info@vspublishers.com • *Website:* www.vspublishers.com

शाखाः हैदराबाद
5-1-707/1, ब्रिज भवन (सेन्ट्रल बैंक ऑफ इण्डिया लेन के पास)
बैंक स्ट्रीट, कोटी, हैदराबाद-500 095
040-24737290
E-mail: vspublishershyd@gmail.com

फ़ॉलो करें:

किसी प्रकार के सम्पर्क हेतु एसएमएस करें: **VSPUB** to **56161**

हमारी सभी पुस्तकें **www.vspublishers.com** पर उपलब्ध हैं

© **कॉपीराइटः** वी एण्ड एस पब्लिशर्स

ISBN 978-93-505708-7-6
संस्करणः 2014

भारतीय कॉपीराइट एक्ट के अन्तर्गत इस पुस्तक के तथा इसमें समाहित सारी सामग्री (रेखा व छायाचित्रों सहित) के सर्वाधिकार प्रकाशक के पास सुरक्षित हैं। इसलिए कोई भी सज्जन इस पुस्तक का नाम, टाइटल डिजाइन, अन्दर का मैटर व चित्र आदि आंशिक या पूर्ण रूप से तोड़-मरोड़ कर एवं किसी भी भाषा में छापने व प्रकाशित करने का साहस न करें, अन्यथा कानूनी तौर पर वे हर्जे-खर्चे व हानि के जिम्मेदार होंगे।

मुद्रकः परम ऑफसेटर्स, ओखला, नई दिल्ली-110020

प्रकाशकीय

अनेक वर्षों से जन विकास सम्बन्धी पुस्तकें प्रकाशित करने के पश्चात् वी एण्ड एस पब्लिशर्स ने बच्चों के मनोरंजन के लिए कहानियों की कुछ चुनिंदा पुस्तकें प्रकाशित करने का निश्चय किया है। ये पुस्तकें बाजार में बिक रही कहानी की साधारण पुस्तकों से थोड़ी अलग हटकर है जो बच्चों का भरपूर मनोरंजन करने के साथ उनका ज्ञानवर्द्धन भी करेगी। हम गोपू बुक्स सीरीज के तहत पंचतंत्र की कहानियाँ पहले ही प्रकाशित कर चुके हैं। गोपू बुक्स को बाजार से भरपूर सराहना मिली है। पाठकों से मिल रही निरंतर प्रशंसा से उत्साहित होकर हम अपने पाठकों के लिए कहानियों की दूसरी विशिष्ट श्रृंखला प्रकाशित कर रहे हैं।

रामायण की कथा अब तक भारत की कई प्रमुख भाषाओं में लिखी जा चुकी है। इसकी प्रसद्धि भारतवर्ष में ही नहीं बल्कि दुनिया भर में फैली है। वी एण्ड एस पब्लिशर्स ने सम्पूर्ण महाकाव्य को चालीस छोटी-छोटी कहानियों में प्रस्तुत किया है। कोई भी कहानी एक पृष्ठ से ज्यादा लम्बी नहीं है। जिससे बच्चों को इसे पढ़ने में कठिनाई न हो।

रामायण के प्रमुख पात्रों राम, सीता, लक्ष्मण, भरत, शत्रुधन, हनुमान और रावण भारत की संस्कृति के सामाजिक मूल्यों को प्रतिनिधित्व करते हैं।

इस पुस्तक में सजीव चित्रों के द्वारा उन परिस्थितियों का वर्णन किया गया है जिसे देखकर बच्चे रामायणकाल के दिनों की सजीव कल्पना कर सकते हैं। हम आशा करते हैं कि यह पुस्तक बच्चों के मनोरंजन और ज्ञान के लिए अत्यन्त उपयोगी सिद्ध होगी।

कहानियों की एक आदर्श पुस्तक सभी के लिए है।

बच्चों के अभिभावक के द्वारा पुस्तक सम्बन्धी किसी बहुमूल्य सुझाव को पाकर हमें अत्यन्त प्रसन्नता होगी।

विषय-सूची

परिचय 7

1. अयोध्या के राजा दशरथ 9
2. राम का जन्म 11
3. ताड़क वध 13
4. गौतम ऋषि का श्राप 15
5. सीता का अवतरण 17
6. सीता स्वयंवर 19
7. कैकेयी कोपभवन में 21
8. कैकेयी ने दोनों वर माँगे 23
9. राम का वनवास प्रस्थान 25
10. श्रवण कुमार का वध 27
11. भरत और शत्रुधन ननिहाल से अयोध्या लौटे 29
12. राम-भरत मिलाप 31
13. अगस्त्य मुनि से भेंट 33
14. लक्ष्मण ने सूर्पनखा के नाक-कान काटे 35
15. मायावी हिरण 37
16. सीता का अपहरण 39
17. सबरी के जूठे बेर 41
18. राम और सुग्रीव की मित्रता 43
19. पवनपुत्र हनुमान 45
20. बाली का वध 47

21.	सीता की खोज	49
22.	राक्षसों ने हनुमान को बंदी बनाया	51
23.	लंका दहन	53
24.	हनुमान लंका से लौटे	55
25.	लंका पर आक्रमण	57
26.	कुम्भकर्ण से युद्ध	59
27.	इन्द्रजीत से युद्ध	61
28.	रावण का अन्त	63
29.	विभीषण का राज्याभिषेक	65
30.	वनवास खत्म कर राम अयोध्या लौटे	67
31.	अपमानजनक टिप्पणी	69
32.	सीता का निर्वासन	71
33.	वाल्मिकी ऋषि के आश्रम में सीता	73
34.	राम का अश्वमेघ यज्ञ	75
35.	लव-कुश से सैनिकों का युद्ध	77
36.	लव-कुश का राम से युद्ध	79
37.	सीता ने बन्दी हनुमान को देखा	81
38.	सीता धरती में समा गयीं	83
39.	राम के स्वर्ग जाने की इच्छा	85
40.	राम का संसार त्याग	87

परिचय

रामायण प्राचीन भारत का एक अतिलोकप्रिय महाकाव्य है। रामायण का मतलब है– अयोध्या के राजा दशरथ के ज्येष्ठ पुत्र राम की सम्पूर्ण जीवनगाथा। रामायण की मूल रचना महर्षि वाल्मिकी ने संस्कृत भाषा में की थी, बाद में तुलसीदास ने इन छन्दों की रचना हिन्दी में रामचरित मानस के रूप में की। रामायण में मर्यादा पुरुषोत्तम भगवान श्रीराम के चारित्रिक गुणों और बुराई पर अच्छाई की जीत की विस्तारपूर्वक चर्चा की गयी है। रामायण में लिखे गये मानवीय मूल्यों को पढ़कर भारतवासी इसे श्रद्धा और आदर की दृष्टि से देखते हैं। इसे हिन्दूओं का सबसे पवित्र धर्मग्रन्थ माना जाता है। भारत के अधिकांश मंदिरों में सुबह और शाम रामायण की चौपाइयाँ बड़े ही भक्ति भाव से गायी जाती है।

रामायण की प्रसिद्धि का पता इस बात से चलता है कि पूरे भारतवर्ष में रामलीला का मंचन साल में विभिन्न अवसरों पर अलग-अलग रूपों में किया जाता है। रामलीला का भव्य मंचन भारत के अलावा विदेशों में भी किया जाता है। प्रसिद्ध कथावाचक मोरारी बापू बड़े रोचक अंदाज में राम कथा के दृष्टांतों का वर्णन करते हैं जिसे दुनिया भर में करोड़ों लोग प्रतिदिन श्रद्धा और भक्तिभाव के साथ देखते हैं। रामायण धारावाहिक का प्रसारण टीवी पर दिखाया गया जिसे भक्तों ने बड़े भक्तिभाव के साथ देखा। जो भक्त मंदिर या घर में रामायण का नियमित रूप से पाठ या श्रवण करते हैं उनके घरों में शान्ति और खुशहाली सदैव विराजमान रहती है।

I

अयोध्या के राजा दशरथ

दशरथ सरयू नदी के तट पर स्थित अयोध्या के महान राजा थे। वह सूर्यवंशी राजा रघु के पौत्र थे। इसलिए सूर्यवंश को रघुवंश के नाम से भी जाना जाता है। दशरथ अपने पूर्वजों के समान उच्च गुणों के अधिकारी और प्रजा के लोकप्रिय शासक थे। उनकी तीन रानियाँ थी जिनमें कौशल्या सबसे बड़ी रानी, सुमित्रा मंझली रानी तथा कैकेयी सबसे छोटी रानी थी।

यद्यपि राजा दशरथ एक शक्तिशाली और लोकप्रिय शासक थे फिर भी कोई संतान नहीं होने के कारण वह हमेशा चिन्ता में डूबे रहते थे। एक दिन राजा दशरथ ने महर्षि वशिष्ठ को अपने राजदरबार में आमंत्रित किया। महर्षि वशिष्ठ के राजदरबार में पधारने के पश्चात् राजा दशरथ ने उनके सामने मन की व्यथा व्यक्त करते हुए कहा 'मैं बहुत उदास हूँ क्योंकि मेरी कोई संतान नहीं है। यदि मेरा उत्तराधिकारी नहीं होगा और मेरी मृत्यु हो जायेगी तो मेरे बाद इस सूर्यवंश का भी अन्त हो जायेगा। कृपया, मुझे कोई उपाय बतायें जिससे कि मेरी वंश परंपरा का अन्त नहीं हो।'

महर्षि वशिष्ठ एक महान दूरद्रष्टा थे। उन्होंने राजा दशरथ से श्रृंगी ऋषि को राजमहल में आमंत्रित करने और उनकी देखरेख में एक यज्ञ का आयोजन करने की सलाह दी। राजा दशरथ श्रृंगी ऋषि के निकट गये और उन्हें आदर सहित अयोध्या में यज्ञ करने के लिए आमंत्रित किया। यज्ञ की पूर्णाहुति पर यज्ञ की पवित्र अग्नि से अलौकिक खीर प्रकट हुआ। श्रृंगी ऋषि ने खीर की कटोरी राजा दशरथ को देकर कहा 'यह प्रसाद तुम्हारी रानियों के लिए है। इसे ग्रहण करने के पश्चात् वे चार तेजस्वी पुत्रों को जन्म देंगी।' राजा दशरथ ने श्रृंगी ऋषि के हाथों से प्रसाद ग्रहण करने के पश्चात् खीर का प्रसाद अपनी तीनों रानियों को ग्रहण करने के लिए दिया।

5

राम का जन्म

शृंगी ऋषि ने राजा दशरथ को सलाह दी कि वह तीनों रानियों को यह पवित्र खीर प्रसाद के रूप में ग्रहण करने को कहें, जिससे वे तेजस्वी पुत्रों को जन्म देंगी। समय आने पर चारों राजकुमारों का जन्म हुआ। सबसे बड़ी रानी कौशल्या ने बड़े पुत्र राम को जन्म दिया। दूसरी रानी सुमित्रा ने लक्ष्मण और शत्रुधन को और सबसे छोटी रानी कैकेयी ने भरत को जन्म दिया। तीनों रानी और राजा दशरथ बहुत खुश हुए। सबसे बड़े पुत्र राम का जन्म चैत्र मास की नवीं तिथि को हुआ था। चारों राजकुमारों के जन्म के अवसर पर राजा, रानी के साथ सभी अयोध्या नगरवासी बेहद खुश थे।

राजा दशरथ जो अपने समय के एक महान धनुर्धर थे। उन्होंने अपने चारों पुत्रों को धनुष विद्या के कला-कौशल सिखाये। इसके पश्चात् वे वशिष्ठ ऋषि के आश्रम में औपचारिक शिक्षा के लिए भेजे गये। वे एक महान गुरु थे। उनके मार्ग निर्देशन में चारों ने सभी प्रकार के गुण अपने अध्ययन की अवधि में सीखा। जब उनकी शिक्षा पूरी हुई तो वे अपने माता-पिता के निकट राजमहल लौट आये। माता-पिता और प्रजा उन्हें देखकर काफी खुश हुए।

अयोध्या में शिरोमणि श्रीराम ने अपने तीनों छोटे भाइयों को राजधर्म के बारे में बताया। उन्होंने प्रजा की भलाई के लिए संसार में उच्च आदर्श प्रस्तुत किये। राजा दशरथ अपने चारों वीर पुत्रों को प्रजा के बीच लोकप्रिय होते देखकर अत्यन्त प्रसन्न थे।

ramayana

3

ताड़का वध

एक दिन विश्वामित्र ऋषि राजा दशरथ के राजमहल में पधारे। राजा दशरथ ने ऋषि का खूब अतिथ्य सत्कार किया और बोले– "मैं सचमुच आपके आने से बहुत खुश हूँ। मैं आपकी क्या सेवा कर सकता हूँ?" राजा की बात सुनकर ऋषि अतिप्रसन्न हुए और बोले जब मैं यज्ञ करता हूँ तो दो भयानक राक्षस मारीच और सुबाहू वहाँ पहुँचकर मेरे यज्ञ में विघ्न डालते हैं। मेरी परेशानियों का अन्त तभी होगा जब आप अपने ज्येष्ठ पुत्र राम को मेरे साथ वन में जाने की अनुमति देंगे। राम ही इन दुष्ट भयानक राक्षसों का वध कर सकते हैं।

ऋषि की माँग सुनकर राजा दशरथ मौन रह गये। राजा को मौन देखकर विश्वामित्र ऋषि ने उन्हें भयभीत नहीं होने तथा राम और लक्ष्मण को बेधड़क अपने साथ भेजने की सलाह दी। विश्वामित्र ऋषि के द्वारा किसी अनिष्ट की शंका से मुक्त होने का आश्वासन पाकर राजा दशरथ अपने दोनों पुत्रों को उनके साथ वन में भेजने के लिए राजी हो गये। विश्वामित्र ऋषि राजमहल से दोनों राजकुमारों को अपने साथ लेकर घने जंगलों के लिए प्रस्थान कर गये।

ऋषि ने दोनों राजकुमारों को ताड़का और उसके पुत्र मारीच जैसे भयानक राक्षसों से हर वक्त सावधान रहने के लिए कहा जिन्होंने वन के निवासियों का जीना कष्टप्रद कर रखा था। उन्होंने दोनों राजकुमारों से दोनों दुष्ट राक्षसों को खत्म करने के लिए उत्साहित किया। जंगल में ताड़का और राजकुमार राम के बीच बड़ा भयंकर युद्ध हुआ। लम्बे युद्ध के उपरान्त राम ने ताड़का का वध कर दिया। ताड़का वध के उपरान्त विश्वामित्र ऋषि ने प्रसन्न होकर राम को गले से लगा लिया और आशिर्वाद भी दिया।

4

गौतम ऋषि का शाप

ब्रह्मा की रचना अहिल्या अत्यन्त रूपवती स्त्री थी। उसकी अपूर्व सुन्दरता ने देवाधिराज इन्द्र को अपनी ओर आकर्षित कर लिया। इन्द्र ने ब्रह्मा के सामने पहुँचकर अहिल्या से शादी करने की इच्छा प्रकट की परन्तु ब्रह्मा ने उनकी उपेक्षा कर अहिल्या को गौतम ऋषि के संरक्षण में छोड़ दिया।

अहिल्या के युवा होने पर ब्रह्मा ने गौतम ऋषि के सामने उसके साथ शादी का प्रस्ताव रखा क्योंकि सम्पूर्ण जगत में अपूर्व सुंदरी अहिल्या के योग्य केवल वही थे। उन्होंने अहिल्या से शादी रचाई और खुश होकर जिंदगी व्यतीत करने लगे। लेकिन इस दौरान देवराज इन्द्र अहिल्या को भुला नहीं सके। इस बीच उन्हें पता चला कि गौतम ऋषि प्रतिदिन प्रात: स्नान और पूजा के लिए नदी की ओर जाते हैं। इन्द्र ने उसी दौरान अहिल्या को पाने की एक कुटिल योजना बनायी।

एक रात इन्द्र ने ऋषि के जगने के समय से काफी पहले पूर्व मुर्गे की आवाज लगायी। ऋषि ने समझा कि सुबह हो गयी। वह स्नान और पूजा के लिए कुटिया से बाहर निकल गये। ऋषि के बाहर जाते ही इन्द्र गौतम ऋषि के वेश में कुटिया के अंदर प्रवेश कर गये और अहिल्या के साथ अभिसार रत हो गये। रास्ते में गौतम ऋषि को किसी अनिष्ट की आशंका हुई और वह वापस लौटे तो दोनों को बिस्तर पर प्रेमक्रीड़ा में रत देखा। गौतम ऋषि ने क्रुद्ध होकर दोनों को शाप दिया। उन्होंने अहिल्या को पत्थर बन जाने का शाप दिया।

5

सीता का अवतरण

लंका का महान राजा रावण जब अपने पुष्पक विमान पर चढ़कर हिमालय के ऊपर से गुजर रहा था तो उसने एक अत्यन्त रूपवती कन्या को वहाँ ध्यानमग्न देखा। उसकी अलौकिक सुन्दरता पर मोहित होकर रावण उसके निकट पहुँचा और बोला- "ओ सुन्दर कन्या यह जप-तप तुम्हारे जैसी रूपवान कन्या के लिए उचित नहीं है। कृपया मुझे बताओ कि तुम कौन हो और यह जप-तप किसलिए कर रही हो?"

रावण की बात ध्यान से सुनने के पश्चात् वह कन्या बोली- 'मैं महान बृहस्पति की पुत्री हूँ। मेरा नाम वेदवती है। मेरी सुन्दरता देखकर कई लोगों ने मेरे पिता से मेरा हाथ माँगा। लेकिन मेरे पिता ने सबको मना कर दिया क्योंकि वे विष्णु को अपना दामाद बनाना चाहते हैं।' मैं भी विष्णु को प्रसन्न कर अपने पिता की इच्छा पूरा करना चाहती हूँ। विष्णु को प्रसन्न करने के लिए ही मैं यह तपस्या कर रही हूँ, इतना कहने के बाद उसने रावण को वहाँ से तत्काल चले जाने के लिए कहा।

वेदवती की बात सुनकर रावण ने बेहद अपमानित महसूस किया। वह गर्व में उन्मत होकर बोला- 'मैं लंका का राजा हूँ, मैं तुम्हे अपनी रानी बनाऊँगा। तुम अपना सारा जीवन ऐशो-आराम से व्यतीत करोगी। मुझे बताओ विष्णु कौन है? क्या वह वीरता और शौर्य में मेरे बराबर है?' रावण की घमण्ड भरी बातें सुनकर वेदवती हँसकर बोली- 'सारी दुनिया विष्णु के आगे सिर झुकाती है। विष्णु इस संसार के रचयिता है।' उनका नाम आदर के साथ लो।

यह सुन रावण ने क्रुद्ध होकर उसके सिर के बाल पकड़ लिये। रावण की इस नीच हरकत से वेदवती को गहरा सदमा लगा। उसने अपने हाथ में तलवार लेकर एक ही झटके में सिर के बाल काट डाले। अब रावण के हाथों में उसके बालों का महज एक गुच्छा भर रह गया। वेदवती गुस्से में थर-थर काँपती हुई बोली- 'तुमने मेरा घोर अपमान किया है। मैं अब जीना नहीं चाहती। मैं अभी आग में जलकर भस्म हो जाऊँगी। मैं अभी तुम्हें नहीं मार सकती लेकिन मैं दुबारा जन्म लूँगी और तुम्हारी मौत का कारण बनूँगी।'

ऐसा कहा जाता है कि वेदवती ने मिथिला के राजा जनक के राज्य में जन्म लिया। एक दिन जब वह खेत में हल चला रहे थे उसी दौरान एक मिट्टी के पात्र में उन्हें एक सुन्दर सी कन्या मिली। राजा जनक इस सुन्दर कन्या को उठाकर अपने राजमहल में ले आये और अपनी पुत्री की तरह उसका लालन-पालन करने लगे। उन्होंने इस कन्या का नाम सीता रखा। सीता का विवाह राम के साथ सम्पन्न हुआ (जो विष्णु के अवतार थे)। आगे चलकर सीता लंका के राजा रावण के मौत का कारण बनी।

6

सीता स्वयंवर

विश्वामित्र ऋषि राम और लक्ष्मण के साथ राजा जनक की राजधानी मिथला पहुँचे। राजा जनक ने विश्वामित्र ऋषि तथा दोनों राजकुमारों का खूब जमकर अतिथ्य सत्कार किया। वहाँ राजा जनक की पुत्री सीता के स्वयंवर का भव्य आयोजन चल रहा था। राजा जनक स्वयं उन्हें लेकर स्वयंवर के आयोजन स्थल पर पहुँचे। वहाँ भगवान शिव का एक विशालकाय धनुष रखा था जिसे तोड़कर रूपवती सीता से शादी करने की इच्छा संजोये भारत के समस्त वीर राजा और राजकुमार वहाँ उपस्थित थे।

भगवान शिव का धनुष इतना भारी और मजबूत था कि वहाँ उपस्थित राजाओं में से कोई भी उसे उठा भी नहीं सका। यह देखकर राजा जनक निराश हो गये। राजा जनक को निराश देखकर विश्वामित्र ऋषि ने राम को धनुष तोड़ने के लिए प्रोत्साहित किया। गुरु का आदेश मिलने पर राम आत्मविश्वास से भरकर धनुष की ओर बढ़े और भारी धनुष को सहज में ही उठाकर उसके दो टुकड़े कर दिये। भगवान शिव के धनुष के टूटने से भयंकर ध्वनि उत्पन्न हुई जिसे सुनकर परशुराम चौकन्ने हो उठे। वह सभी शस्त्रों से सुसज्जित होकर वहाँ पहुँचे और वहाँ उपस्थित लोगों को कटु वचन कहने लगे– "ओ, राजा जनक मुझे बताओ यह धनुष किसने तोड़ा है?" परशुराम को क्रोध में देखकर राजा जनक भयभीत हो गये।

वह हाथ जोड़कर क्रोधित परशुराम के सामने पहुँचे और उन्हें समझाकर शान्त किया। इसके पश्चात् वह वहाँ से चले गये। इसके बाद सीता ने राम के गले में वरमाला डालकर उन्हें अपना पति चुन लिया। जब यह शुभ समाचार अयोध्या नगरी में पहुँचा, राजा दशरथ विशिष्टजनों के साथ विवाह में भाग लेने मिथिला पहुँचे। राम और सीता का भव्य विवाहोत्सव समारोह बड़े ही धूमधाम के साथ हो रहा था। इसी विवाहोत्सव में लक्ष्मण का भी विवाह सीता की छोटी बहन उर्मिला के साथ सम्पन्न हुआ। राजा जनक के भाई की दो रूपवती कन्याएँ मांडवी और शुकृति थी। जिनका विवाह भरत और शत्रुधन के साथ करा दिया गया। इस तरह चारों राजकुमारों का विवाह एक ही विवाह मंडप में सम्पन्न हो गया।

स्वयंवर के पश्चात् राजा दशरथ चारों पुत्रों और पुत्रवधुओं के साथ मिथिला से अपने राज्य अयोध्या लौट गये। जहाँ उनके स्वागत में सभी अयोध्या नगरवासी पलकें बिछाये खड़ी थी। अयोध्या नगर को खूब सजाया गया था, तीनों रानियों ने बेटों और बहुओं के राजमहल पहुँचने पर उनकी आरती उतारी और आदर सहित राजमहल के अन्दर ले गयीं।

5

कैकेयी कोपभवन में

चारों राजकुमार अपनी पत्नियों के साथ खुश होकर राजमहल में रहने लगे। इस प्रकार कई साल बीत गये। अब राजा दशरथ काफी वृद्ध हो चुके थे। अपनी वृद्धावस्था का विचार करते हुए राजा दशरथ ने राम को अपना उत्तराधिकारी घोषित करने की इच्छा प्रकट की। उन्होंने इस बारे में ब्रह्मऋषिओं तथा अन्य राजदरबारियों से भी सलाह मशविरा किया। सभी राजदरबारियों ने एक स्वर में अयोध्या की जनता के आदर्श राम के राज्याभिषेक का समर्थन किया। राम को भी राज्याभिषेक की जानकारी दे दी गयी और इसकी तिथि तय हो गयी। इस अवसर पर राजा और प्रजा सभी बड़े खुश थे।

मगर इसी दौरान कैकयी की दासी मंथरा ने यह कहकर उसका कान भरना शुरू किया कि वह राम के राज्याभिषेक का खुलकर विरोध करे और कुछ समय पहले राजा दशरथ द्वारा दिये गये दोनों वर माँगे। इसके अनुसार राम की जगह कैकेयी के बेटे भरत का राज्याभिषेक किया जाये और राम के लिए चौदह वर्षों का वनवास घोषित किया जाये। मंथरा की कुटिल सलाह सुनकर कैकेयी इतनी प्रसन्न हुई कि उसने तुरन्त राजा दशरथ को कोपभवन में बुलाकर अपना विरोध प्रकट कर दिया। जब राजा दशदथ को रानी के विचारों का पता चला तो वह बहुत दु:खी हुए। परन्तु रानी कैकेयी दोनों वरों को छोड़ अन्य किसी बात के लिए राजी नहीं हुई।

काफी समय पहले जब युद्ध के दौरान राजा दशरथ काफी जख्मी हो गये थे, उस दौरान रानी कैकेयी ने उनके प्राणों की रक्षा की थी। कैकेयी की इस सेवा से खुश होकर राजा दशरथ ने उसी समय उन्हें दो वर प्रदान किया था। कैकेयी ने राजा से दोनों वर अभी देने के लिए कहा। इसलिए राजा दशरथ के सामने कैकेयी को दोनों वर देने के अलावा और कोई विकल्प नहीं बचा था।

6

कैकेयी ने दोनों वर माँगे

राजा दशरथ अपने वचन के अनुरूप दोनों वर देने के लिए राजी हो गये। वह दृढ़तापूर्वक खड़ी हुई और दो वर माँगे।

1. मेरी पहली माँग यह कि मेरे पुत्र भरत को अयोध्या का राजमुकुट दे दिया जाये।
2. मेरी दूसरी माँग है कि राम को तेरह वर्षों का वनवास एवं एक वर्ष का अज्ञातवास दे दिया जाये।

इस कठोर अप्रत्याशित माँग को सुनकर राजा दशरथ अचेत होकर गिर पड़े। राजा दशरथ राम को वनवास निर्वासित करना नहीं चाहते थे, लेकिन कैकेयी इस पर कोई समझौता करने के लिए तैयार नहीं थी। राम को जल्द से राजदरबार में उपस्थित होने के लिए बुलाया गया और सभी रानियों को इन दोनों माँगों के बारे मे सूचित किया गया। राम बिना संकोच के वन प्रस्थान करने के लिए तैयार हो गये। लक्ष्मण एवं सीता भी राम के संग जाने के लिए तैयार थे। वन प्रस्थान करने से पहले तीनों राजा दशरथ से आशीर्वाद लेने पहुँचे।

5

राम का वनवास प्रस्थान

राम, सीता और लक्ष्मण राजमहल से निकलकर वन में जाने के लिए तैयार हो गये। इस समय वहाँ बड़ा हृदयविदारक दृश्य उपस्थित था। सभी अयोध्यावासी फूट-फूटकर रो रहे थे। राजा दशरथ यह दृश्य नहीं देख सके और वहीं अचेत होकर गिर पड़े।

राम को वन में ले जाने वाला रथ रात में तमसा नदी के किनारे जाकर रूका। अगले दिन प्रातःकाल वे नदी, नहर और झरने से गुजर कर गंगा नदी के तट पर पहुँच गये। यहाँ नाविक केवट ने पहले भगवान राम के चरण धोये और फिर उन्हें नाव में बिठाकर नदी के उस पार ले गया।

अगले दिन वे सभी भारद्वाज ऋषि के आश्रम में पहुँचे। उन्होंने राम को देखकर अपने गले से लगा लिया और सलाह दी कि उनके लिए चित्रकूट ठहरने का उत्तम स्थान है।

10

श्रवण कुमार का वध

राम के वनवास प्रस्थान करने के पश्चात् चिंता से दशरथ की हालत अत्यन्त दयनीय हो गयी। अचानक उन्हें एक अंधे माता-पिता का शाप याद आया अपनी चिंता कम करने के लिए उन्होंने रानी कौशल्या को जवानी के दिनों में किये गये इस भयानक भूल के बारे में बताया, जिसमें उन्होंने एक अंधे माता-पिता के इकलौते पुत्र श्रवण कुमार की भ्रमवश हत्या कर दी थी।

राजा दशरथ एक कुशल धनुर्धारी थे। वह केवल आवाज को सुनकर लक्ष्य पर सटीक निशाना लगा सकते थे। एक रात वह शिकार खेलने सरयू नदी के तट पर पहुँचे, घनी अंधेरी रात में वे वहाँ किसी जानवर के आने का इंतजार करने लगे। अचानक उन्हें ऐसी आवाजें सुनायी पड़ी जैसे कोई जानवर नदी के किनारे पहुँचकर पानी पी रहा हो। उन्होंने आवाज की दिशा पर लक्ष्य साधकर वाण चला दिया, लेकिन अगले ही क्षण किसी मनुष्य की मर्मांतक चीख सुनकर वह चौंक पड़े। जब वह वहाँ पहुँचे उन्होंने देखा वाण एक युवक को जा लगा था, जिसके शरीर से काफी मात्रा में रक्त प्रवाहित हो रहा था। वह युवक श्रवण कुमार था। राजा दशरथ को निकट आया देखकर वह अत्यन्त दर्दभरी आवाज में कराहते हुए बोला- ओ, राजा तुमने मुझे मार डाला, मेरे अंधे वृद्ध माता-पिता यहाँ से थोड़ी दूरी पर प्यास से व्याकुल मेरा इंतजार कर रहे हैं। यह पानी से भरा घड़ा लेकर उनके निकट जाओ मगर मेरी हालत के बारे में उनसे कुछ मत कहना। इतना कहते ही श्रवण कुमार का शरीर निष्प्राण हो गया। यह देखकर राजा दशरथ निस्तब्ध खड़े रह गये। जल से भरे पात्र को लेकर राजा दशरथ श्रवण कुमार के वृद्ध माता-पिता के निकट पहुँचे और उनके चरणों पर गिर पड़े। उन्होंने बताया कि किस प्रकार जानवर के शिकार के भ्रम में उनके पुत्र की हत्या हो गयी। वृद्ध माता-पिता यह सुनकर गहरे सदमे में डूब गये।

श्रवण कुमार के अंधे माता-पिता ने राजा दशरथ को श्राप दिया कि जिस प्रकार मैं पुत्र वियोग में अपने प्राण त्याग रहा हूँ उसी प्रकार तुम्हारी मृत्यु भी पुत्र वियोग के कारण होगी। श्रवण कुमार के वृद्ध माता-पिता के शाप के कारण राजा दशरथ राम के वन जाने के वियोग में तड़पते रहे। राम के वन प्रस्थान के थोड़े दिनों बाद राजा दशरथ ने राम के वियोग में तड़पते हुए अपने प्राण त्याग दिये।

II

भरत और शत्रुधन ननिहाल से अयोध्या लौटे

ऋषि वशिष्ठ के बुलाने पर भरत और शत्रुधन ननिहाल से अयोध्या लौट आये। अयोध्या नगरी वीरान लग रही थी। उन्होंने अपने पिताजी को राजमहल में नहीं पाया। जब राजकुमार भरत अपनी माता कैकेयी से मिले तो उन्होंने पिताजी, राम, लक्ष्मण और सीता के बारे में पूछा। वह यहाँ के बारे में सब कुछ जानकर बेहद नाराज हुआ। शत्रुधन ने मंथरा को उसकी कुटिल हरकत के लिए ठोकर मारी। भरत अपनी माता पर बहुत क्रोधित हुए, वशिष्ठ ऋषि ने उन्हें सांत्वना दी एवं अपने पिता के अंतिम संस्कार में जाने के लिए तैयार किया। राजा दशरथ का अन्तिम संस्कार सरयू नदी के किनारे वैदिक रीतिरीवाजों तथा मंत्रों की पवित्र उच्चारण के बीच सम्पन्न हुआ। इसके पश्चात् भरत ने वहाँ उपस्थित अन्य लोगों के साथ सरयू नदी में स्नान किया और अपने पिता की आत्मा की शान्ति के लिए प्रार्थना की।

15

राम–भरत मिलाप

प्रातःकाल होने के पश्चात् सभी मंत्रियों ने सभा बुलायी और भरत को अयोध्या के राजा बनाने का निश्चय किया। लेकिन भरत ने यह स्वीकार नहीं किया और सलाह दी कि राम को वन से वापस बुलाना चाहिए। इस बात का सभी ने समर्थन किया। राजदरबार में भरत ने तीनों माताओं और ऋषि के साथ वन में जाकर राम को वापस अयोध्या लाने का निर्णय किया। उन्होंने अपनी रक्षा के लिए सेना की एक टुकड़ी भी ले ली।

शोरगुल और धूल के उड़ते बादलों को देखकर लक्ष्मण पेड़ पर चढ़ गये। उसने एक बड़ी सेना को अपनी कुटी की ओर आते देखा तो वह सतर्क हो गये। सेना को कुछ दूरी पर छोड़कर भरत, शत्रुधन और वशिष्ठ ऋषि ने उनकी कुटिया में प्रवेश किया। वे माफी के लिए राम के चरणों पर गिर पड़े। अपने पिताजी के मृत्यु के बारे में सुनकर राम बेहद दुःखी हो गये। सभी मंत्रियों, ऋषियों ने उन्हें अयोध्या लौट जाने के लिए आग्रह किया, पर वचनबद्ध होने के कारण अयोध्या वापस लौटने को तैयार नहीं हुए। इसके बाद भरत ने राम से उनकी चरण पादुका को अयोध्या ले जाने के लिए उनकी अनुमति माँगी तो राम अपनी चरण पादुका भरत को देने के लिए सहमत हो गये। भरत राम की दोनों चरण पादुका लेकर सभी लोगों के साथ वापस अयोध्या लौट गये।

13

अगस्त्य मुनि से भेंट

भरत के अयोध्या लौट जाने के बाद राम ने चित्रकूट छोड़ दिया। वे अगस्त्य ऋषि के कुटी में गये जो उनके साथ अत्यधिक स्नेह रखते थे। अगस्त्य ऋषि एक महान दूरदर्शी थे। उन्होंने राम की नीति के बारे में जाना और शत्रुओं के विनाश के लिए उन्हें अस्त्र एवं शस्त्र प्रदान किये। उन्होंने राम को पंचवटी में रहने की सलाह दी।

अगस्त्य ऋषि की सलाह पर राम ने पंचवटी में पहुँचकर अपने लिए एक कुटिया बनायी और उसमें सीता और लक्ष्मण के साथ शान्तिपूर्वक रहने लगे। पंचवटी के रास्ते में उन्होंने एक बड़े पेड़ की शाखा पर बैठा गिद्ध देखा था। वह जटायु था जिसने राम और लक्ष्मण के अनुपस्थिति में सीता की सुरक्षा करने का प्रस्ताव रखा। राम, लक्ष्मण और सीता बन की रमणीक छटा में करीब दस सालों तक रहे। राम और लक्ष्मण के वन में रहने के कारण ऋषियों को कभी राक्षसों का भय नहीं सताता था।

14

लक्ष्मण ने सूर्पनखा के नाक-कान काटे

एक सुबह गोदावरी नदी में स्नान करके तीनों अपनी कुटिया के बाहर बैठे थे। अचानक सूर्पनखा (रावण की बहन) वहाँ आयी एवं राम की सुन्दरता पर मुग्ध होकर उनके सामने विवाह के लिए प्रस्ताव रखा। सूर्पनखा की बात सुनकर राम ने कहा मैं विवाहित हूँ इसलिए तुम्हे लक्ष्मण के सामने यह प्रस्ताव रखना चाहिए। उसने लक्ष्मण के सामने अपना प्रस्ताव रखा, जिसे लक्ष्मण ने इनकार कर दिया और बोले कि तुम राम के आगे उनकी दूसरी पत्नी के रूप में अपना प्रस्ताव रखो। तभी सूर्पनखा वहाँ बैठी सीता को देख हतोत्साहित होकर उन पर आक्रमण कर दिया। राम ने सीता को सूर्पनखा से बचाया और लक्ष्मण से सूर्पनखा को सबक सिखाने के लिए कहा। लक्ष्मण ने तलवार निकाला और सूर्पनखा की नाक एवं कान काट लिए। वह खून से लथपथ होकर रोती हुई अपने भाईयों खर एवं दूषण के पास गयी। वे दोनों अपनी बहन के अपमान का बदला लेने के लिए राक्षसों की एक विशाल सेना के साथ राम की कुटिया के सामने आये। उन्होंने आक्रमण की शुरुआत की। युद्ध आरम्भ हुआ मगर राम ने अकेले ही उन्हें परास्त कर दिया।

ramayana

15

मायावी हिरण

खून से तरबतर सूर्पनखा रावण के सामने पहुँची और सारी बात बतायी। उसने सीता से अपनी बेइज्जती का बदला लेने के लिए रावण को सीता का अपहरण करने के लिए भी उकसाया। सूर्पनखा की दयनीय हालत देखकर रावण क्रोधित हो गया तथा उसके अन्दर सीता को पाने की इच्छा पुनः जागृत हो गयी। अब उसे मायावी मारीच की जरूरत थी जिसके पास अनेक जादुई शक्तियाँ विद्यमान थी। दोनों ने मिलकर सीता के अपहरण की योजना तैयार की। मारीच और रावण जंगल में पहुँचे जहाँ राम और सीता लक्ष्मण के साथ रहते थे। मारीच ने वहाँ एक खूबसूरत सुनहरे हिरण का रूप धारण कर लिया। जब सीता की नजर इस खूबसूरत सुनहले हिरण के ऊपर पड़ी तो वह राम और लक्ष्मण से इस हिरण को पकड़ने की जिद करने लगी। सीता के मन में सुनहले हिरण को पाने की तीव्र इच्छा को देखकर राम हिरण को पकड़ने चले गये। वहाँ से जाते वक्त उन्होंने लक्ष्मण से कहा कि वह सीता का अच्छी तरह ध्यान रखे।

हिरण का रूप धारण किये मारीच जंगल में काफी दूर निकल गया, जिससे रावण को सीता के अपहरण के लिए प्रर्याप्त वक्त मिल गया। राम ने हिरण को लक्ष्य बनाकर तीर चलाया जो मारीच को जा लगा। तीर के लगते ही मारीच अपने वास्तविक रूप में आ गया। वह राम की आवाज में जोर से चिल्लाया- आह! सीते, आह लक्ष्मण और गिरकर मर गया। राम को कातर आवाज में सहायता के लिए लक्ष्मण को पुकारते सुनकर सीता ने लक्ष्मण को तुरन्त राम की मदद के लिए जाने का आदेश दिया। लक्ष्मण ने वहाँ से जाने से पहले कुटिया के आगे एक रेखा खींची और सीता को इसके अन्दर रहने के लिए कहा। ऐसा लक्ष्मण ने इसलिए किया क्योंकि उन्हें डर था कि उनकी अनुपस्थिति में वहाँ कोई अनहोनी घटना घट सकती है।

16

सीता का अपहरण

जब राम और लक्ष्मण अपनी कुटिया से काफी दूर निकल गये तब जंगल में छिपा रावण एक साधु का वेश बदलकर सीता की कुटिया के सामने पहुँचा। इस वक्त सीता कुटिया में अकेली थी उसने सीता से लक्ष्मण के द्वारा खींची गयी रेखा से बाहर निकलकर भिक्षा देने के लिए कहा। जैसे ही सीता कुछ फल लेकर भिक्षा देने के लिए कुटिया से बाहर निकली और लक्ष्मण द्वारा खींची गयी रेखा को पार कर लिया, तभी रावण ने सीता को जबरन अपने रथ पर बिठा लिया। सीता रावण से बचने के लिए जोर–जोर से विलाप करने लगी। उसका विलाप सुनकर गिद्ध जटायु उनकी मदद के लिए सामने आया लेकिन रावण के वार से घायल होकर वह मूर्छित हो गया।

इसी दौरान राम ने सुनहले हिरण को वाणों से मार दिया। मरते समय मारीच के रूप में बदल गया था। राम समझ गये कि इस राक्षस ने उन्हें जानबूझ कर धोखा दिया है। राम जल्दी से अपनी कुटिया की ओर लौटने लगे। रास्ते में उनकी मुलाकात लक्ष्मण से हुई तो लक्ष्मण को देखकर राम ने आश्चर्य से पूछा, "तुम सीता को कुटिया में अकेली छोड़कर इधर क्यों आये?" लक्ष्मण ने सीता को छोड़कर उधर आने की पूरी कहानी राम को कह सुनायी। लक्ष्मण की बात सुनकर राम गहरे शोक में डूब गये। रास्ते में उन्हें घायल गिद्ध जटायु मिला। उसने राम को बताया कि रावण सीता को जबरन उठाकर अपने रथ में ले गया है और सीता को बचाने के दौरान रावण ने कैसे उसे बुरी तरह घायल कर दिया। जटायु केवल राम को सीता के बारे में बताने के लिए ही जीवित था। राम को सीता के अपहरण की जानकारी देने के पश्चात् घायल जटायु ने दम तोड़ दिया।

17

सबरी के जूठे बेर

राम और लक्ष्मण सीता की खोज में वन में इधर-उधर भटकते रहे। कुछ आगे बढ़ने पर वह एक वृद्धा सबरी की कुटिया में पहुँचे जो मतंग ऋषि की शिष्या थी। वह राम को देखकर बहुत प्रसन्न हुई और अपने चखे हुए बेर राम को खाने के लिए दिया। राम को सबरी के द्वारा बेरों के चखे जाने की जानकारी थी लेकिन वह भली प्रकार जानते थे कि सबरी ने उन बेरों को उन्हें देने से पहले केवल इसलिए चखा था कि कहीं बेर खट्‌टे न हो। सबरी ने बेर चखने के पश्चात् केवल मीठे बेरों को ही राम को खाने के लिए दिया। राम सबरी के उन जूठे बेरों को बड़ी श्रद्धाभाव के साथ खाने लगे। वह जानते थे कि सबरी उनकी परम भक्त और एक बालक की तरह अबोध है। सबरी के दिये इन बेरों को चखने के पश्चात् राम ने सबरी को आशीर्वाद दिया। राम का आशीर्वाद पाकर सबरी मोक्ष को प्राप्त हुई।

18

राम और सुग्रीव की मित्रता

सीता की खोज में भटकते हुए जब राम और लक्ष्मण ऋषिमुक पर्वत के निकट पहुँचे तो उन दोनों को वन में देखकर वानरराज सुग्रीव के मन में यह आशंका हुई कि कहीं उसके बड़े भाई बाली ने तो उन्हें नहीं भेजा है। सुग्रीव ने अपने सहयोगी हनुमान को उनके निकट जाकर पता लगाने के लिए कहा। सुग्रीव ने हनुमान से एक ब्राह्मण का वेश धारण कर उन दोनों से मिलने के लिए कहा। हनुमान जब ब्राह्मण के वेश में उनके बारे में जानने के लिए निकट पहुँचे तो राम को देखकर उनके चरणों पर गिर पड़े। हनुमान उन्हें सुग्रीव से मिलाने के लिए अपने साथ ले गये। बातचीत करने के बाद राम और सुग्रीव आपस में मित्र बन गये एवं एक-दूसरे की मदद करने का निश्चय किया। सुग्रीव अपने बड़े भाई बाली से बदला लेना चाहता था जिसने सुग्रीव का राजपाट छीन लिया था। राम ने सुग्रीव को मदद करने का वचन दिया। सुग्रीव ने भी सीता की खोज करने में उनकी मदद करने का वचन दिया। इस तरह दोनों मित्रता के बंधन में बँध गये। सुग्रीव ने राम को वे आभूषण दिखाये जो रोती हुई स्त्री ने आसमान से नीचे फेंकी थी। लक्ष्मण ने ये आभूषण सीता के पायल से मिलाया। उन्होंने सीता के चरण स्पर्श करते हुए केवल उनके पायल ही देखे थे। सीता के दूसरे आभूषणों से वह परीचित नहीं थे, उन्होंने कभी सीता का चेहरा भी नहीं देखा था।

15

पवनपुत्र हनुमान

ऐसा माना जाता है कि पुराने जमाने के ऋषि-मुनि आध्यात्मिक शक्ति के द्वारा किसी औरत को बिना पुरुष संसर्ग के भी पुत्रवती होने का वरदान दे सकते थे। परम बलशाली हनुमान का जन्म भी इसी प्रकार वायु देवता के आशीर्वाद से हुआ था। यही कारण है कि वह पवनपुत्र, पवनसुत या वायु पुत्र के नाम से जाने जाते हैं। उनकी माताजी का नाम अंजनी तथा पिता का नाम केसरी था। केसरी सुमेरू पर्वत के राजा थे। एक सुबह जब बालक हनुमान की नींद खुली तो उन्होंने अपनी माता को घर में नहीं देखा। उन्हें बड़े जोरों की भूख लगी थी। उन्होंने खिड़की से बाहर देखा तो उनकी नजर उगते हुए नारंगी रंग के सूरज के ऊपर पड़ी।

उन्होंने सूरज को कोई पका हुआ फल समझा। वह इसे पकड़ने के लिए लपके। वायु देवता को सूर्य की भीषण गर्मी से हनुमान के जल जाने की चिन्ता हुई वह बर्फीले बादल के रूप में हनुमान की रक्षा करने लपके। राहु ने उसी वक्त सूर्य को खाना चाहा मगर हनुमान ने उस पर हमला कर दिया। हनुमान के डर से राहु वहाँ से भाग निकला। वह सीधा इन्द्र के पास पहुँचा और शिकायत को कि कोई सूर्य को खाना चाहता है जबकि सूर्य उसका भोजन है। यह सुनकर इन्द्र उस जगह पहुँचे जब हनुमान ने इन्द्र को वहाँ देखा तो वह सूर्य को छोड़ राहू के पीछे भागे। यह देखकर इन्द्र को काफी क्रोध आया। उन्होंने हनुमान के ऊपर वज्र से प्रहार किया। हनुमान मूर्छित होकर एक चट्टान के ऊपर गिर पड़े। यह देखकर वायु देवता ने मूर्छित हनुमान को उठाया और उन्हें एक सुरक्षित जगह पर ले आये। वायु देवता ने क्रोधित होकर ब्रह्मांड में अपनी उपस्थिति समाप्त कर दी। यह देखकर सभी देवता मदद के लिए ब्रह्मा की शरण में पहुँचे। ब्रह्मा सारी बात पहले से ही जानते थे, वह वायु देवता के समीप पहुँचे और मूर्छित पड़े हनुमान के स्वस्थ होने का आशीर्वाद दिया। इसके पश्चात् ब्रह्मा ने सबको हनुमान की महानता तथा उसके भविष्य की भूमिका के बारे में बताया। भगवान इन्द्र तथा वहाँ उपस्थित सभी देवताओं ने हनुमान को शक्तिशाली होने का आशीर्वाद दिया, जिससे हनुमान परम बलशाली हो गये।

देवताओं के आशीर्वाद से मिले असीमित शक्तियों के कारण वह काफी नटखट हो गये। उन्होंने आश्रम में पहुँचकर काफी उत्पात मचाया। हनुमान के अवांछित शरारतों के कारण ऋषि को अत्यधिक क्रोध आ गया। उन्होंने क्रोधित होकर हनुमान को शाप दिया- "ओ हनुमान, तुम उन वास्तविक शक्तियों को भूल जाओगे, जिन शक्तियों के बल पर तुम यहाँ शरारत करते हो। तुम्हें ये शक्तियाँ तब वापस मिलेंगी जब कोई महापुरुष तुम्हें इन शक्तियों के बारे में याद दिलायेगा।" इस शाप के कारण हनुमान जी की सारी शक्तियाँ कुंद पड़ गयी।

28

बाली का वध

बाली ने सुग्रीव का राजपाट छीनकर उसे पर्वतों की ओर भगा दिया था। उसने सुग्रीव को उसके परिवार से भी वंचित कर दिया था। सुग्रीव अपना परिवार और राज्य बाली से वापस लेना चाहता था। इस कार्य में राम सुग्रीव की मदद करने के लिए तैयार हो गये। वे दोनों एक योजना बनाकर किष्किंधा नगरी पहुँचे। राम नजदीक के जंगल में एक पेड़ के पीछे छिपकर खड़े हो गये और सुग्रीव से कहा कि वह बाली को महल के बाहर ललकार कर युद्ध करने के लिए बोले। सुग्रीव की चुनौती सुनकर तिलमिलाया हुआ बाली अपने महल से बाहर निकला और सुग्रीव से युद्ध करने लगा। जब दोनों भाई युद्ध कर रहे थे तो राम को दोनों एक जैसे प्रतीत हो रहे थे। बाली को नहीं पहचानने के कारण उन्होंने उसे नहीं मारा। मजबूत होने के कारण बाली ने सुग्रीव को युद्ध में बुरी तरह घायल कर दिया। घायल सुग्रीव अपनी जान बचाने के लिए वहाँ से भाग गया।

सुग्रीव राम के पास पहुँचकर उनसे मदद नहीं करने की शिकायत की। तब राम ने सुग्रीव को वाण नहीं चलाने का असली कारण बताया और इस बार सुग्रीव की पहचान के लिए उसके गले में माला डाल दी। सुग्रीव ने बाली के महल के सामने पहुँचकर पुनः बाली को युद्ध करने की चुनौती दी। इस बार बाली की पत्नी तारा ने बाली को युद्ध करने से रोका मगर बाली नहीं माना। जब दोनों भाई युद्ध कर रहे थे तब सुग्रीव को कमजोर पड़ते देखकर राम ने बाली के ऊपर वाण चलाया जो सीधा बाली के सीने में जा लगा। इस प्रकार बाली का वध हुआ और सुग्रीव को उसका खोया हुआ राज्य वापस मिल गया।

21

सीता की खोज

इसके पश्चात् हनुमान, सुग्रीव और उसकी विशाल वानर सेना की मदद से चारों दिशाओं में सीता की खोज प्रारम्भ की गयी। लम्बे खोज अभियान के पश्चात् राम को जानकारी मिली कि रावण ने सीता को लंका के अशोक वाटिका में बन्दी बनाकर रखा है। जहाँ वह कई राक्षसणियों की कैद में पूरी तरह सुरक्षित हैं। लंका पर चढ़ाई करने के लिए जाते समय उन्हें समुद्र पार करना था। दैवीय शक्तियों के आशीर्वाद और अथाह बल की बदौलत हनुमान समुद्र लाँघकर लंका में सुरक्षित प्रवेश कर गये। अपने अथक प्रयासों से उन्होंने अशोक वाटिका में एक छायादार वृक्ष के नीचे उदास बैठी सीता का पता लगा लिया। कई डरावनी राक्षसणियों के बीच घिरी सीता काफी दुर्बल और कमजोर हो गयी थीं। उनकी आँखों से अविरल अश्रु प्रवाहित हो रहे थे।

रावण ने सीता को विवाह के लिए राजी करने का बहुत प्रयत्न किया मगर वह सीत का हृदय नहीं जीत सका था। इसी बीच अवसर मिलते ही हनुमान को सीता से अकेले में मिलने का मौका मिल गया। हनुमान ने सीता को बताया कि वह राम का भेजा हुआ दूत है। सीता को अपनी बात का विश्वास दिलाने के लिए उसने राम की मुद्रा दिखायी। उन्होंने सीता से चिन्ता नहीं करने के लिए कहा और फिर उन्हें विश्वास दिलाते हुए कहा कि जल्द ही राम और लक्ष्मण विशाल सेना के साथ लंका के ऊपर चढ़ाई करेंगे। सीता से विदा लेकर हनुमान अशोक वाटिका में पहुँचे और पेड़ों में लगे स्वादिष्ट फलों को तोड़-तोड़कर खाना शुरू कर दिया। अपनी क्षुधा शान्त करने के पश्चात् उन्होंने बहुत से वृक्ष उखाड़ फेंके और जो भी राक्षस उन्हें पकड़ने के लिए निकट पहुँचता उन सभी को मार डाला।

22

राक्षसों ने हनुमान को बंदी बनाया

जब अशोक वाटिका में एक वानर के द्वारा तोड़फोड़ करने की जानकारी रावण को मिली तो वह बहुत क्रोधित हुआ। उसने अक्षय और अपनी सेना को अशोक वाटिका में भेजा। हनुमान के वश में नहीं आने पर उसने अपने पुत्र इन्द्रजीत को वहाँ भेजा जो बहुत बड़ा योद्धा था। दोनों योद्धाओं के बीच भयंकर युद्ध हुआ। भयंकर लड़ाई के बाद हनुमान को बन्दी बनाकर रावण के दरबार में उपस्थित किया गया। रावण ने हनुमान से पूछताछ की कि वह कौन है? हनुमान ने बताया कि वह राम का दूत है तथा रावण को चेतावनी दी कि उसने राम की पत्नी सीता का धोखे से अपहरण कर लिया है। अत: वह सीता को वापस लौटाकर राम से माफी माँगे तो वह तुम्हें माफ कर देंगे। यदि वह ऐसा नहीं करेगा तो अवश्य मृत्यु को प्राप्त होगा। हनुमान की यह चेतावनी सुनकर रावण को बहुत क्रोध आया। उसने हनुमान को तुरंत मृत्युदंड देने का आदेश दिया। लेकिन उसके छोटे भाई विभीषण ने बीच-बचाव करते हुए कहा कि किसी दूत को नहीं मारना चाहिए। विभीषण के कहने पर रावण ने हनुमान की पूँछ में आग लगाकर उसकी पिटाई करने का आदेश दिया।

53

लंका दहन

रावण के आदेश पर हनुमान की पूँछ में ढेर सारे चीथड़े लपेटकर उसे काफी लम्बा बना दिया गया। फिर उसकी लम्बी पूँछ में तेल से चुपड़कर उसमें आग लगा दी गयी। इसी अवस्था में हनुमान को लंका नगर की गलियों में घुमाया गया, जिसे देखकर सड़क के किनारे उपस्थित लोगों ने हनुमान की दुर्दशा के ऊपर जमकर परिहास किया। जब सीता को हनुमान की दुर्दशा के बारे में जानकारी मिली तो वह बहुत चिन्तित हुई। वह हनुमान की सलामती के लिए ईश्वर से बार-बार प्रार्थना करने लगी। हनुमान इस अपमान का बदला लेना चाहते थे।

अचानक उनका आकार घटकर छोटा हो गया जिससे वह रस्सियों से बन्धनमुक्त हो गये। बन्धनमुक्त होने पर वह अपने वास्तविक आकार में लौट आये और अपनी जलती हुई पूँछ से लंका के ऊँची अट्टालिकाओं में एक-एक करके आग लगाना शुरू कर दिया। इसी प्रकार एक घर से दूसरे घर में जाकर उन्होंने पूरे नगर को आग के हवाले कर दिया, तभी प्रचण्ड हवा के वेग ने पूरी लंका को राख के ढेर में बदल दिया। लंकादहन के पश्चात् हनुमान ने निकट के समुद्र में कूदकर अपनी पूँछ की आग बुझा ली और बिना किसी नुकसान के सीता माता के पास जा पहुँचे। सीता की आज्ञा लेकर वह लंका से सुरक्षित लौट गये।

ramayana

54

हनुमान लंका से लौटे

लंका से लौटने के पश्चात् हनुमान राम के प्रिय मित्र बन गये। उन्होंने सीता को दुर्दशा के बारे में राम को बताते हुए कहा कि अशोक वाटिका में माता सीता उन्हें हर पल याद करती है। वह गहरे सदमें में डूबी हैं। राम ने हनुमान के इस वीरतापूर्ण कार्य की भूरि-भूरि प्रशंसा की। परन्तु वह सीता के परेशानियों के बारे में जानकर चिंता के सागर में डूब गये और उन्हें रावण की कैद से जल्दी छुड़ाने के लिए योजना तैयार करने लगे। राम को चिन्ताग्रस्त देखकर सुग्रीव ने उन्हें मदद करने का प्रस्ताव रखा जिसे उन्होंने स्वीकार कर लिया दोनों मिलकर लंका पर चढ़ाई करने की तैयारी करने लगे। राम और सुग्रीव एक विशाल वानर सेना के साथ समुद्र के किनारे जा पहुँचे, परन्तु वहाँ समुद्र की अनन्त जलराशि को देखकर वे सोच में पड़ गये कि इसे कैसे लाँघा जाये। सभी ने मिलकर समुद्र के ऊपर एक पुल बनाने की योजना तैयार की। सुग्रीव की विशाल वानर सेना घने जंगल के अन्दर पहुँचकर वहाँ से बड़े-बड़े पत्थर और वृक्षों को खींचकर समुद्र के किनारे लाना और उससे पुल का निर्माण करना शुरू कर दिया। कुछ ही दिनों में समुद्र के ऊपर एक विशाल पुल बन गया। इसी दौरान रावण का छोटा भाई विभीषण जिसकी रावण हत्या करना चाहता था उसने राम के निकट पहुँचकर उनके चरणों में शरण माँगी। रावण विभीषण से इसलिए क्रोधित था क्योंकि विभीषण ने उसे सीता को राम के निकट पहुँचाने की सलाह दी थी। राम विभीषण से मिलकर बड़े प्रसन्न हुए और आगे बढ़कर अपने हृदय से लगाने के पश्चात् उसके जीवन की सुरक्षा का वचन दिया।

25

लंका पर आक्रमण

समुद्र पार कर लंका पहुँचने के पश्चात् राम ने अपनी वानर सेना को लेकर लंका पर चारों तरफ से भीषण आक्रमण करने का आदेश दिया। सभी योद्धा नगर की ओर बढ़े और जहाँ पर जो भी राक्षस दिखायी दिया उसका उसी क्षण संहार कर दिया गया। रावण ने राम की सेना का सामना करने के लिए एक विशाल सेना भेजी। दोनों ओर से घमासान युद्ध प्रारम्भ हो गया। दोनों ओर के हजारों सैनिक मारे गये। पहले दिन के युद्ध ने रावण के सबसे साहसी पुत्र इन्द्रजीत को क्रोधित कर दिया। इन्द्रजीत मायावी बल पर अदृश्य होकर राम और लक्ष्मण के ऊपर वाणों की वर्षा करने लगा। दोनों इन्द्रजीत के वाणों के आगे असहाय महसूस करने लगे क्योंकि उन्हें वाणों के आने की दिशा की जानकारी नहीं मिल रही थी। दोनों बुरी तरह घायल होकर मूर्छित हो गये। यह देखकर राम के शिविर में शोक की लहर दौड़ गयी। जब इन्द्रजीत ने घमंड में चूर होकर रावण से कहा कि उसने राम और लक्ष्मण दोनों को मार दिया तो यह सुनकर रावण अतिप्रसन्न हुआ। परन्तु अभी राम और लक्ष्मण की मृत्यु नहीं हुई थी। थोड़ी देर पश्चात् उन्हें होश आ गया। वे शीघ्र ही आक्रमण के लिए उठ खड़े हुए। राम के द्वारा आक्रमण की बात सुनकर रावण बहुत भयभीत हुआ। आवेश में आकर वह भी युद्ध के मैदान में पहुँचा। उसने अपने रणकौशल से हर ओर तबाही मचा दी। लक्ष्मण भी बेहोश हो गये। यह देखकर राम युद्धभूमि में रावण से युद्ध करने पहुँचे। उनके द्वारा चलाये तीक्ष्ण वाणों ने रावण के रथ को तहस-नहस कर दिया। रावण भी घायल हो गया। युद्धभूमि में राम के सामने वह बुरी तरह परेशान और असहाय दिखायी पड़ रहा था। राम उनके सामने पहुँचकर बोले- "तुम बहुत बहादुरी से लड़े मगर आखिर में हार ही गये। इस वक्त तुम हताश और परेशान दिखायी दे रहे हो। तुम अपने महल लौट जाओ और फिर कल लड़ाई के मैदान में आकर मेरे वाणों का सामना करना।" अब रावण के सामने पीछे हटने के सिवा और कोई उपाय नहीं था। वह शर्म से सिर झुकाये अपने महल में लौट गया।

56

कुम्भकर्ण से युद्ध

राम से पराजित होने के पश्चात् परेशान रावण अपने छोटे भाई कुम्भकर्ण से सहायता माँगने के लिए पहुँचा उस समय कुम्भकर्ण गहरी नींद में सो रहा था। काफी कोशिशों के पश्चात् कुम्भकर्ण के जागने पर रावण ने उसे राम के हाथों मिली शर्मनाक पराजय तथा अपनी विशाल सेना की क्षति की जानकारी दी। कुम्भकर्ण ने अपने बड़े भाई को सांत्वना दी तथा उनके सामने ही राम और लक्ष्मण को मारने का संकल्प लिया। अपने सभी शस्त्रों से परिपूर्ण होकर एक विशाल सेना के साथ कुम्भकर्ण युद्धभूमि में पहुँचा। कुम्भकर्ण एक शक्तिशाली योद्धा था। अंगद और सुग्रीव को युद्धभूमि में पराजित करने के पश्चात् वह राम की ओर बढ़ा। युद्ध के मैदान में कोई भी योद्धा उसके सामने नहीं टिक सका। राम ने उसका डटकर सामना किया और अपने तीक्ष्ण वाणों से उसके पैर काटकर उसे सीधा यमलोक पहुँचा दिया। जब कुम्भकर्ण के युद्ध में मारे जाने का समाचार रावण को मिला तो वह अत्यंत शोक में डूब गया। राम की यह अब तक सबसे बड़ी जीत थी। इसके पश्चात् राम की सेना प्रचण्ड वेग के साथ राक्षसों की सेना पर टूट पड़ी और उनमें से हजारों राक्षसों को युद्धभूमि में मार डाला।

27

इन्द्रजीत से युद्ध

राम की सेना के आगे रावण द्वारा पराजय स्वीकार करने के बाद उसका पुत्र इन्द्रजीत ने राम की सेना का संहार करने का संकल्प लिया। इन्द्रजीत ने राम की विशाल वानर सेना के ऊपर भीषण आक्रमण किया। उसने लक्ष्मण के ऊपर ब्रह्मास्त्र का प्रयोग किया। ब्रह्मास्त्र लगते ही लक्ष्मण मूर्छित होकर युद्धभूमि पर गिर पड़े। लक्ष्मण को मूर्छित देखकर राम की सेना में गहरी उदासी छा गयी। मूर्छित लक्ष्मण को होश में लाने के लिए हनुमान को संजीवनी बूटी खोजकर लाने का आदेश दिया गया। केवल संजीवनी बूटी से ही लक्ष्मण की मूर्छा दूर हो सकती थी। हनुमान संजीवनी बूटी ले आये। संजीवनी बूटी देने के बाद उन्हें होश आ गया। वह दुगने जोश के साथ उठ बैठे। लक्ष्मण को होश में देखकर राम ने उन्हें गले से लगा लिया। इसके पश्चात् लक्ष्मण अपने सैनिकों के साथ इन्द्रजीत का पीछा करने लगे। जो लक्ष्मण से बचने के लिए एक पहाड़ के अन्दर जा छिपा था। अन्त में लक्ष्मण ने इन्द्रजीत को लक्ष्य बनाकर एक वाण चलाया जिसके लगते ही इन्द्रजीत का सिर उसके धड़ से अलग होकर दूर जा गिरा। इस तरह रावण का सबसे शक्तिशाली पुत्र इन्द्रजीत अपनी जान गवाँ बैठा।

28

रावण का अन्त

पुत्र इन्द्रजीत के मरने के बाद, रावण अपने रथ में सवार होकर एक विशाल शक्तिशाली सेना के साथ युद्धभूमि में आ डटा। उसने राम की सेना पर जबरदस्त आक्रमण किया। राम की वानर सेना ने बड़ी ही बहादुरी से रावण के आक्रमण का सामना किया। हनुमान ने हजारों राक्षसों को मारा। रावण की यह विशाल सेना भी राम के तीक्ष्ण वाणों के आगे टिक नहीं सकी। राम की वानर सेना के महान योद्धा हनुमान, सुग्रीव, अंगद और भी बहुत से योद्धा बहुत ही बहादुरी से लड़े जिसके परिणामस्वरूप रावण के शिविर के चारों ओर लाशें ही लाशें बिछ गयी। जब रावण के महान योद्धाओं, उसके सभी सगे सम्बन्धियों की मृत्यु हो गयी। हजारों शत्रुओं को सेनाओं द्वारा मार दिया गया। तब रावण राम का सामना करने उसके सामने पहुँचा। उसने अपने सेनापति से कहा कि राम को नष्ट कर दो एवं उसकी सेना को हरा दो। राम एवं लक्ष्मण, विभीषण के साथ रावण के सामने पहुँचे। उसकी सेना भी तीव्र वेग से आगे बढ़ी। वे वीरतापूर्वक लड़ाई करते हुए आगे बढ़े जो भी उनके सामने आता वे उसका संहार कर देते। रावण भी युद्ध क्षेत्र में अपने शस्त्रों के साथ राम के सामने पहुँचा। सभी दिशाओं से रावण ने राम पर प्रहार करना शुरू किया मगर उसके सभी वाण बेकार हो गये। राम को भविष्यवाणी हुई कि वह रावण को केवल ब्रह्मास्त्र से मार सकता है। ब्रह्मास्त्र के लगते ही रावण का निर्जीव शरीर युद्ध भूमि पर गिर पड़ा। इस प्रकार घमंडी रावण जो अपने आपको अजेय और अमर समझता था उसकी मौत राम के हाथों हुई।

29

विभीषण का राज्याभिषेक

रावण का सबसे छोटा भाई विभीषण शुरुआत से ही राम के शिविर में रह रहे थे। वह अपने बड़े भाई से बिल्कुल अलग था। रावण की मौत पर राम ने उसे सांत्वना देते हुए कहा– "अपने भाई के मौत को भूल जाओ।" जब युद्ध समाप्त हो गया तब राम विभीषण, सुग्रीव, हनुमान तथा अन्य सभी लोगों के साथ लंका गये। विभीषण को लंका की राजगद्दी पर बैठाने के पश्चात् उसे राजमुकुट पहनाया गया। राम के विजय के बारे में बताने के लिए हनुमान को अशोक वाटिका में बंदी सीता के पास भेजा गया। राम के विजय तथा रावण की मौत का संदेश सुनकर सीता बहुत खुश हुईं। सीता को आदरसहित अशोक वाटिका से राम के पास लाया गया और सीता की अग्नि परीक्षा ली गयी। अग्निपरीक्षा के दौरान सीता अग्नि में प्रवेशकर सकुशल अग्नि से बाहर निकल आयीं। सीता को सकुशल देखकर राम ने उन्हें निस्संकोच अपनी अर्धांगिनी स्वीकार कर लिया।

30

वनवास खत्म कर राम अयोध्या लौटे

चौदह वर्षों का वनवास काटने के पश्चात् राम, सीता और लक्ष्मण के साथ वापस अयोध्या लौटे जहाँ उनके छोटे भाई भरत सभी अयोध्यावासियों के साथ पलकें बिछाये उनका बेसब्री से इंतजार कर रहे थे। आज अयोध्या नगरी को किसी नववधू की भाँति सजाया सँवारा गया था। सबसे आगे खड़े वशिष्ठ ऋषि ने उनका स्वागत करते हुए उन्हें गले लगा लिया। वशिष्ठ ऋषि ने उसी समय सभा बुलाई और सभा के समक्ष राम को अयोध्या की राजगद्दी सौंपने का विचार व्यक्त किया। सभी दरबारियों ने इस बात को सुनकर प्रसन्नता प्रकट की। राम और सीता को सुन्दर रत्नजड़ित राजसी वस्त्र पहनाकर वैदिक मंत्रोंच्चारण के बीच अयोध्या के सिंहासन पर बिठाया गया। दरबार में उपस्थित पुरोहित, विद्वानों तथा अन्य दरबारियों ने इस शुभ मौके पर पुष्प वर्षा करते हुए हार्दिक प्रसन्नता व्यक्त की। तीनों राजमाताएँ राम को सीता के साथ सिंहासन पर बैठे देखकर फूली नहीं समा रही थीं। ऋषियों ने राजसिंहासन पर बैठे राम को आशीर्वाद दिया। राजा की ओर से सभी पुरोहितों और वहाँ उपस्थित प्रजा को महँगे उपहार बाँटे गये। उपहारों को लेकर सभी अयोध्यावासी खुशी-खुशी अपने घरों को लौट आये। इस तरह राम अयोध्या के राजा बन गये।

आ

अपमानजनक टिप्पणी

राजतिलक होने के कुछ समय पश्चात् राम ने एक कुशल राजा की भाँति अयोध्या में जगह-जगह गुप्तचर तैनात कर दिये। गुप्तचरों का काम अयोध्या की जनता के द्वारा राजा के कार्यों की आलोचना तथा प्रशंसा की जानकारी उन तक पहुँचानी थी। अयोध्या में कुछ लोग राम की वीरता की प्रशंसा करते थे तो कुछ लोग सीता के सतीत्व के बारे में अभद्र टिप्पणियाँ करते थे कि रावण ने सीता को अपवित्र कर दिया होगा। राम सीता की पवित्रता के बारे में एकदम आश्वस्त थे मगर कुछ लोगों के द्वारा की जा रही भद्दी टिप्पणी की जानकारी ने एकाएक उन्हें क्षुब्ध कर दिया। एक दिन राम को एक धोबी के द्वारा उनकी धर्मपत्नी सीता के बारे में की गयी एक अपमानजनक टिप्पणी की जानकारी दी गयी। दरअसल एक रात बाहर बिताने के पश्चात् पत्नी के घर लौटने पर धोबी को यह कहते हुए सुना गया था, 'ओ कुलटा तुमने पिछली रात कहाँ गुजारी है।' अब मैं तुम्हें अपने साथ नहीं रख सकता जैसे कि सीता के लम्बे समय तक रावण के संग रहने के बाद भी राम ने उसे अपने साथ में रखना स्वीकार कर लिया। राम को धोबी के द्वारा की गयी इस टिप्पणी ने इस कदर व्यथित कर दिया कि वह ऐसी टिप्पणियों से बचने के लिए अब कोई ठोस कदम उठाने के बारे में विचार करने लगे।

35

सीता का निर्वासन

बहुत सोच-विचार करने के पश्चात् राम ने अपने भाइयों अनुज को राजदरबार में बुलाया और अपने विचार उन पर व्यक्त करते हुए अत्यंत धीमी आवाज में कहना शुरू किया –

'भ्राताओं, मेरे जीवन में अब तुम्हीं लोग सब कुछ हो। तुम प्रजा के भी शुभचिंतक हो इसलिए मैं अपनी परेशानी तुम्हें सुनाता हूँ। मैं तुम्हारी भाभी सीता को एक पतिव्रता स्त्री मानता हूँ, लेकिन अयोध्या के कुछ लोग उसके बारे में मुझसे भिन्न विचार रखते हैं। उन्हें डर है कि उनकी पत्नियाँ भी थोड़े दिनों तक दूसरों के साथ समय व्यतीत कर घर वापस आ सकती हैं। एक राजा होने के कारण मैं उनके विचारों की अनदेखी नहीं कर सकता। आखिरकार बहुत सोच-विचार करने के पश्चात् मैंने सीता को अयोध्या से निर्वासित करने का फैसला किया है। इसके पश्चात् राम ने लक्ष्मण से सीता को रथ पर बिठाकर गंगा के उस पार जंगल में वाल्मिकी ऋषि की कुटिया के समीप छोड़ आने का आदेश दिया।

अगली सुबह लक्ष्मण ने वैसा ही किया, लेकिन लक्ष्मण ने सीता को उन परिस्थतियों के बारे में नहीं बताया जिसके कारण मर्यादा पुरुषोत्तम राम को ऐसा कठोर कदम उठाना पड़ा। पति के द्वारा उसका सदा के लिए परित्याग किये जाने की बात सुनकर वह मुर्छित होकर गिर पड़ी। जब सीता को होश आया तो उसने लक्ष्मण से कहा– "मेरा जन्म ही कष्ट सहन करने के लिए हुआ है। लेकिन मैंने क्या पाप किया है। ऐसा राम इसलिए कर रहे हैं क्योंकि अयोध्या की प्रजा उनके ऊपर किसी प्रकार का लांछन नहीं लगा सके। उनका दिया हुआ यह आदेश मेरे लिए प्राणों से भी बढ़कर है। लक्ष्मण तुम वैसा ही करो जैसा करने का आदेश तुम्हें प्राप्त हुआ है, भगवान तुम्हें दीर्घायु बनाये।" सीता के मन की पीड़ा महसूस कर लक्ष्मण ने उन्हें आदर प्रकट किया और उन्हें रथ पर बिठाकर छोड़ने के लिए जंगल की ओर चल पड़े। सीता को राम के द्वारा बताये गये निर्दिष्ट जगह पर छोड़कर लक्ष्मण अयोध्या वापस लौट आये। उधर घनघोर वन में अकेली सीता जोर-जोर से विलाप करने लगी।

33

वाल्मिकी ऋषि के आश्रम में सीता

सीता के वाल्मिकी ऋषि के आश्रम के समीप छोड़कर चले जाने के पश्चात् वाल्मिकी ऋषि के छोटे पुत्र की नजर सबसे पहले सीता के ऊपर पड़ी। उन्होंने सीता को रोते देखकर अपने पिता को फौरन इसकी सूचना दी। पुत्र से जानकारी मिलने पर वाल्मिकी शीघ्र सीता के समीप पहुँचकर बोले कि वह अपनी अंतर्दृष्टि से उनके राजपरिवार और उनकी पवित्रता के बारे में अच्छी तरह जानते हैं। वे सीता को निस्संकोच अपने आश्रम में ले आये। वाल्मिकी ऋषि ने उन्हें हर तरह से सांत्वना दी और वहाँ रहने वाली औरतों ने भी सीता का हौसला बढ़ाया। आश्रम की उन औरतों का अपने प्रति प्यार और स्नेह देखकर दुःखी सीता का मनोबल बढ़ गया। समय पूरा होने पर सीता ने दो पुत्रों को जन्म दिया। वाल्मिकी ऋषि बालकों के जन्म पर बहुत खुश हुए और उन दोनों बालकों का नाम लव और कुश रखा। माँ सीता के लाड़-प्यार में दोनों पुत्र पलने लगे। दोनों वाल्मिकी ऋषि को बहुत सम्मान देते और उनकी आज्ञा का सदैव पालन करते थे। जैसे-जैसे बालक बड़े होने लगे वाल्मिकी ऋषि उन्हें शिक्षा तथा धनुर्विद्या में प्रवीण करने लगे। उन दिनों ऋषि वाल्मिकी रामायण की रचना करने में व्यस्त थे। उन्होंने लव और कुश को राम-सीता की पूरी कहानी गीतों में गाना सिखाया।

34

राम का अश्वमेध यज्ञ

अयोध्या के राजा राम ने अश्वमेघ यज्ञ करने का फैसला किया। बड़े-बड़े राजा अश्वमेघ यज्ञ का आयोजन अन्य राजाओं के बीच अपनी श्रेष्ठता सिद्ध करने, दूसरे प्रदेशों पर विजय प्राप्त करने तथा विरोधी राजाओं को जीतने के लिए करते थे। नेमिष के जंगल में पवित्र गोमती नदी के तट पर इस यज्ञ का आयोजन करने की सारी तैयारियाँ पूरी कर ली गयी। सभी दिशाओं के राजाओं को इस यज्ञ में भाग लेने का निमंत्रण भेजा गया। इस अवसर पर बड़े-बड़े देशों के राजा भाग लेने वहाँ पधारें। सभी राजा राम के प्रति अपनी आदर, श्रद्धा और निष्ठा भाव प्रकट करने के लिए महँगे उपहारों को अपने साथ लाये थे। राजा पुरोहित तथा समग्र विशाल प्रजा की उपस्थिति में वैदिक मंत्रोच्चारण का जाप शुरू किया। यज्ञ समाप्त होने के पश्चात् खाने, पीने, कपड़े तथा जीवन की दूसरी जरूरतों की वस्तुओं के दान के पश्चात् प्रजा के बीच बड़ी संख्या में सोने-चाँदी और बहुमूल्य वस्तुएँ भी बाँटे गये। अश्वमेघ यज्ञ में भाग लेने आये सभी लोगों ने यज्ञ की भव्यता की प्रसंशा करते हुए कहा कि आज से पहले उन्होंने अश्वमेघ यज्ञ का इतना भव्य आयोजन नहीं देखा था। यज्ञ के पूर्ण होने पर एक सफेद घोड़ा हवन कुंड के समीप लाया गया इसे अच्छी तरह से सजाने के पश्चात् राम ने इसके ललाट पर तिलक लगा दिया गया। एक पट्टिका इसके गर्दन पर लटका दी गयी, जिसके ऊपर लिखा था– "यह अश्व कौशल नरेश रामचन्द्र का है जो कोई भी इस अश्व को रास्ते में रोकेगा उसे राजा के सैनिकों से युद्ध करना पड़ेगा।" जो इसके नियम को स्वीकार करेगा उसे राजा के द्वारा निर्धारित कर देना पड़ेगा।

सफेद अश्व के साथ अस्त्र-शस्त्रों से परिपूर्ण एक सेना अश्व के पीछे भेजी गयी जिसका नेतृत्व राम के अनुज भ्राता शत्रुधन कर रहे थे। सफेद अश्व के पीछे सेना आगे बढ़ती गयी। रास्ते में पड़ने वाले सभी राजाओं ने शत्रुधन के आगे सिर झुकाते हुए राम की अधीनता को स्वीकार कर लिया। सभी ने उन्हें सहर्ष कर देना स्वीकार कर लिया। कुछ दिनों के पश्चात् यज्ञ का यह घोड़ा जंगल के निकट उस जगह से गुजरने लगा जहाँ वाल्मिकी ऋषि की कुटिया स्थित थी। आश्रम के निकट खेल रहे लव और कुश की दृष्टि जब इस सफेद आकर्षक अश्व के ऊपर पड़ी तो इसकी सुन्दरता पर मोहित होकर इसे पकड़ा और एक वृक्ष की जड़ से बाँध दिया। उन्होंने अश्व के गर्दन से लटकती पट्टिका पर लिखी राजा की उद्घोषणा पढ़ी और उसके मालिक के आने का इंतजार करने लगे।

35

लव-कुश से सैनिकों का युद्ध

कुछ ही देर पश्चात् सैनिक अश्वमेघ यज्ञ के अश्व की खोज करते हुए वहाँ पहुँच गये। उन्होंने अश्व को एक वृक्ष से बँधा हुआ देखा तथा दो एकांतवासी संन्यासी बालकों को अश्व की रक्षा करते देखकर वह आश्चर्यचकित रह गये। सैनिकों ने दोनों बालकों से अश्वमेघ यज्ञ के अश्व को छोड़ देने के लिए कहा, लेकिन दोनों बालकों ने अश्व को छोड़ने से इनकार कर दिया। सैनिकों ने दोनों के ऊपर वाणों की वर्षा कर दी। मगर दोनों संन्यासी कुमारों ने बड़ी बहादुरी से सैनिकों का सामना किया और कुछ सैनिकों को मूर्छित कर दिया, यह देखकर सैनिक वहाँ से भाग खड़े हुए। शत्रुधन के निकट पहुँचकर सैनिकों ने उन्हें सारी घटना के बारे में बताया। सारी बात जानकर शत्रुधन उस जगह पहुँचे जहाँ अश्वमेघ यज्ञ का अश्व बँधा हुआ था। शत्रुधन ने दोनों बालकों को अश्व के प्रयोजन के बारे में समझाकर उनसे अश्व को छोड़ देने के लिए कहा लेकिन वे इसके लिए राजी नहीं हुए और युद्ध करने के लिए तैयार हो गये।

लव और कुश उनके ऊपर वाणों की वर्षा करने लगे और उनके रथ को तहस-नहस कर दिया। यह देखकर शत्रुधन का क्रोध और बढ़ गया, उन्होंने सैनिकों को दोनों संन्यासी कुमारों को पकड़ने और अश्व को अपने अधिकार में लेने का आदेश दिया लेकिन लव और कुश ने सभी सैनिकों को परास्त कर दिया बाकी सैनिक भयभीत होकर भाग खड़े हुए। इसने शत्रुधन को क्रोधित कर दिया। उन्होंने लव और कुश के ऊपर वाणों की बौछार कर दी और सैनिकों को उनके ऊपर आक्रमण करने का आदेश दिया। दोनों पक्षों के बीच घमासान युद्ध हुआ। जिसमें शत्रुधन गंभीर रूप से घायल होकर जमीन पर गिर गये। यह देखकर सभी सैनिक दोनों बालकों से बुरी तरह भयभीत हो गये। वे वहाँ से भागकर राम के समीप पहुँचे और पूरी घटना के बारे में विस्तार से कह सुनाया। राम ने लक्ष्मण को जंगल में जाकर वहाँ की स्थिति देखने का आदेश दिया। उन्होंने लक्ष्मण को दोनों बालकों को जीवित ही पकड़ने की सलाह दी।

जब लक्ष्मण जंगल में पहुँचे तो उन्होंने वहाँ दो अतिसुन्दर बालकों को देखा उन्होंने दोनों से यज्ञ के अश्व को बिना लड़े ही लौटा देने के लिए कहा मगर उन दोनों ने लक्ष्मण को तमाशा बना दिया। कुश ने लक्ष्मण के मुकुट पर निशाना साधा, वाण लगने के कारण उनका मुकुट दूर जा गिरा। यह देखकर लक्ष्मण क्रोध आ गया। क्रोधित लक्ष्मण ने कुश के ऊपर शक्तिशाली वाण चलाना शुरू किया। एक वाण के लगने से कुश घायल होकर मूर्छित हो गये। यह देखकर लव ने तुरन्त गुरु का स्मरण किया। गुरु की कृपा से कुश को तुरन्त होश आ गया। होश में आने के बाद कुश ने पुनः लक्ष्मण से युद्ध करना शुरू कर दिया। दोनों बालक बड़ी वीरता के साथ लक्ष्मण से युद्ध कर रहे थे। इसके पश्चात् लव ने लक्ष्मण के ऊपर निशाना साधकर एक अदृश्य वाण छोड़ा जिसके लगते ही लक्ष्मण मूर्छित होकर रथ से नीचे गिर पड़े।

३८

लव–कुश का राम से युद्ध

जब राम ने दोनों सुन्दर बालकों को पहली बार देखा तो उनकी सुन्दरता को देखकर वे सम्मोहित हो गये। उन्होंने दोनों बच्चों के अद्‌भुत साहस की भूरि–भूरि प्रशंसा की और उनके माता–पिता के बारे में पूछा। लव–कुश ने उन्हें अपनी अपनी माता और वाल्मिकी ऋषि के बारे में सब कुछ कह सुनाया लेकिन पिता के बारे में किसी तरह की जानकारी होने से उन्होंने साफ इनकार किया। राम अपने दोनों पुत्रों को सम्मुख देखकर बहुत खुश हुए लेकिन दोनों बालकों ने राम को भी चुनौती दी कि वह उनके साथ युद्ध करें या अश्व को वहीं छोड़कर वापस लौट जायें। यह सुनकर राम ने अपना धनुष संभाला और दोनों बालकों के द्वारा छोड़े गये तीरों को बड़ी सफाई से काटने लगे। उन्होंने अपनी तरफ से बालकों के ऊपर वाणों से कोई वार नहीं किया। दोनों बालक राम के आश्चर्यजनक व्यवहार को देखकर परेशान हो गये। जब हनुमान ने देखा कि राम दोनों बालकों के ऊपर वाण नहीं चला रहे है तो वह क्रुद्ध होकर युद्ध के मैदान में आ गये। कुश हनुमान से युद्ध करने लगे और उन्हें बन्दी बना लिया। इसके पश्चात् उन्होंने हनुमान को आश्रम में ले जाने का निश्चय किया जिससे उनकी माता बंदी हनुमान को देखकर खुश हो जायें।

37

सीता ने बन्दी हनुमान को देखा

जब बंदी हनुमान को आश्रम में लाया गया तो हनुमान को बंदी की स्थिति में देखकर माता सीता स्तब्ध रह गयीं। लेकिन हनुमान सीता को देखकर अतिप्रसन्न हुए, उन्होंने उनके चरण स्पर्श किये। उन्होंने सीता को युद्ध का सारा वृतान्त और राम के आने के बारे में कह सुनाया। सीता अपने बच्चों और उनके पिता के बीच हुए युद्ध के बारे में जानकर भयभीत हो गयी। वह फौरन वाल्मिकी ऋषि के सामने पहुँची और अपने मन की पीड़ा को उनके सामने व्यक्त किया। उन्होंने ऋषि से कहा– 'पुत्रों का पिता से युद्ध करना अत्यन्त शर्म की बात है। वाल्मिकी अपने अन्तर्दृष्टि से सारा हाल जानते थे। ऋषि सीता की बातों से सहमत थे। उन्होंने सीता को यह कहकर सांत्वना दी कि उन्हें चिंता नहीं करनी चाहिए। इन सब घटनाओं का अंत सुखद ही होगा।'

अगले दिन लव और कुश पुन: युद्ध के मैदान में पहुँचे। उन्होंने राम को लड़ने की चुनौती दी राम ने उन्हें इस प्रकार की बातें नहीं कहने और यज्ञ का अश्व छोड़ देने के लिए कहा। परन्तु बालक नहीं माने उन्होंने राम के ऊपर वाणों का प्रहार शुरू कर दिया। जब राम क्रुद्ध होकर बालकों के ऊपर अदृश्य वाण छोड़ने ही जा रहे थे तभी महर्षि वाल्मिकी वहाँ प्रकट हुए और युद्ध बन्द करने के लिए कहा। महान ऋषि को सामने देखकर राम ने वाण नहीं चलाया और उनके चरणों पर झुक गये। महर्षि ने राम को बताया कि ये दोनों बालक उनके ही पुत्र हैं। यह सुनकर राम बहुत खुश हुए और उन्होंने दोनों को अपने हृदय से लगा लिया। इसी बीच सीता भी वहाँ आ गयीं, तीनों भाई उन्हें देखकर अतिप्रसन्न हुए। लेकिन राम ने सीता को देखकर किसी प्रकार की खुशी व्यक्त नहीं की क्योंकि राज्य की प्रजा का विचार सीता के प्रति अब भी ठीक नहीं था। सीता को राम का यह व्यवहार देखकर दुःख हुआ मगर ऋषि वाल्मिकी ने उन्हें ढाँढ़स बँधाया। उन्होंने सीता को दोनों पुत्रों और पति के साथ अयोध्या लौट जाने के लिए कहा। सीता ने राम की तरफ देखा परन्तु राम ने सीता से कुछ नहीं कहा। इसका मतलब था कि वह सीता को अपने साथ अयोध्या नहीं ले जाना चाहते थे। वाल्मिकी ऋषि ने भी राम से सीता की पवित्रता की पुष्टि की लेकिन अयोध्या के राजा होने के नाते राम जनता की आलोचना से डरते थे। इसलिए सीता उनके साथ अयोध्या नहीं लौटी।

38

सीता धरती में समा गयी

जब राम ने सीता को अपने साथ में अयोध्या नहीं जाने के लिए कहा तो उनके तीनों भाइयों लक्ष्मण, भरत और शत्रुधन ने उन्हें साथ में अयोध्या चलने के लिए बहुत आग्रह किया लेकिन उन्होंने अयोध्या जाने से इनकार कर दिया क्योंकि भगवान राम उन्हें अपने साथ ले चलने से संकोच कर रहे थे। राम को ऐसा करते देख वह अत्यन्त शोक में डूब गयीं और टूटे हृदय से सरयू नदी के तट पर पहुँचकर धरती माता से अपने हृदय की पीड़ा का बखान करने लगी – "ओ धरती माता अगर मैंने मन, वचन और कर्म से राम के सिवा किसी दूसरे पुरुष के बारे में नहीं सोचा तो तुम मुझे इसी समय अपनी गोद में समा लो।" सीता का विलाप सुनकर वहाँ बड़ी जोर से बिजली चमकी और भीषण आवाज के साथ धरती फट गयी। एक चमकता हुआ सिंहासन धरती के गर्भ से प्रकट हुआ जिसके ऊपर स्वयं धरती माता विराजमान थी। धरती माता ने दोनों हाथ बढ़ाकर सीता का स्वागत किया और सीता उनकी गोद में जाकर बैठ गयी। इसके पश्चात् सिंहासन वापस धरती के गर्भ में समा गया।

फिर सब कुछ वैसे ही सामान्य हो गया जैसे थोड़ी देर पहले था। बाहर के सभी लोग जो इस विस्मयकारी घटना को अचंभित होकर देख रहे थे, उनकी आँखों से अविरल अश्रु प्रवाहित होने लगे। लव और कुश अत्यंत पीड़ा से रोने लगे। सीता को वापस धरती माता के गर्भ में वापस जाते देखकर राम जड़वत रह गये। राम अपने दोनों पुत्रों और अन्य सभी सहयोगियों के साथ अयोध्या वापस लौट गये। अयोध्या लौटने पर उनका भव्य स्वागत हुआ। अयोध्यावासी अपने प्रिय राजा राम के सीता के बिछुड़ने के कारण हृदय से दुःखी थे। उनके मन में शान्ति नहीं थी। कुछ समय के पश्चात् तीनों रानियों का स्वर्गवास हो गया। इससे राम बहुत दुःखी हुए और वह अत्यंत शोक में डूब गये।

39

राम के स्वर्ग जाने की इच्छा

अयोध्या में लम्बे समय तक राज करने के पश्चात् राम ने अपने जीवन के महत्त्वपूर्ण घटनाओं को याद करते हुए सोचा कि अब पृथ्वी पर उनके जीवन का उद्देश्य समाप्त हो गया है। उधर भगवान विष्णु ने धर्मराज को अपने पास बुलाकर कहा– "हे मृत्यु के देवता, भगवान राम ने पृथ्वी पर अपना जीवनकाल पूरा कर लिया है। कृपया आप धरती पर जाकर उन्हें स्वर्ग में आने के के लिए कहें।" धर्मराज एक ब्राह्मण के वेश में अयोध्या पहुँचे और महल के दरवाजे पर लक्ष्मण से मिलकर राम से मुलाकात करने की इच्छा प्रकट की। लक्ष्मण ने राम के निकट पहुँचकर एक ब्राह्मण के आने की सूचना उन्हें दी। लक्ष्मण की बात सुनकर राम स्वयं बाहर आये और धर्मराज को महल के अन्दर ले गये। ब्राह्मण वेशधारी धर्मराज ने अन्दर पहुँचकर राम को अपना वास्तविक परिचय दिया और भगवान विष्णु का संदेश राम को कह सुनाया। धर्मराज की बात को सुनकर राम बड़े प्रसन्न हुए। उन्होंने कहा– "मैंने मानवता की सेवा के लिए धरती पर जन्म लिया था क्योंकि मेरा धरती पर जन्म लेने का उद्देश्य अब पूरा हो चुका है, इसलिए मैं वापस स्वर्ग में लौटने के लिए तैयार हूँ।"

जब महल के अन्दर राम धर्मराज के साथ वार्तालाप में व्यस्त थे, तभी दुर्वासा ऋषि राजमहल में पधारे और लक्ष्मण के सामने पहुँचकर राम से फौरन मिलने की इच्छा प्रकट की। लेकिन लक्ष्मण ने उन्हें राजमहल के अन्दर जाने की अनुमति नहीं दी। लक्ष्मण के द्वारा महल के द्वार पर रोके जाने पर दुर्वासा ऋषि ने क्रोध में आकर उन्हें पूरी अयोध्या नगरी को भष्म कर देने की धमकी दी लेकिन लक्ष्मण उनकी धमकी सुनकर भी नहीं झुके। उन्होंने राम के द्वारा सौंपे कर्तव्य का पालन सर्वोपरि समझा। लक्ष्मण से महल के अन्दर जाने की अनुमति नहीं मिलने पर दुर्वासा ऋषि अपने क्रोध पर काबू नहीं रख सके। उन्होंने लक्ष्मण को फौरन धरती का त्याग कर स्वर्ग चले जाने का आदेश दिया। इसके पश्चात् उन्होंने स्वयं ही महल का द्वार खोला और अन्दर प्रवेश कर गये। राम इस वक्त दुर्वासा ऋषि को देखकर चौंक गये लेकिन उन्होंने ऋषि का सभी प्रकार से आदर-सत्कार करने के पश्चात् उनको सुन्दर भोजन कराया। ऋषि राम की सेवा से अतिप्रसन्न हुए और राम को लक्ष्मण को दिये शाप की जानकारी दी। यह सुनकर राम उदास हो गये। उन्होंने दुर्वासा ऋषि से कहा कि उन्होंने बड़ी गम्भीर गलती की है। राम के मुँह से यह सब सुनकर दुर्वासा ऋषि विचलित मन से वहाँ से प्रस्थान कर गये थे। इसके पश्चात् लक्ष्मण राम के निकट पहुँचे। वह बेहद शान्त थे। उन्होंने राम को अपने बारे में चिन्ता नहीं करने के लिए कहा। इसके पश्चात् वह सरयू नदी के तट पर पहुँचे और हाथ जोड़कर ईश्वर से प्रार्थना की। लक्ष्मण की प्रार्थना सुनकर देवता उन्हें सशरीर धरती से स्वर्ग में ले गये। भगवान राम और उनके दोनों भाई भरत और शत्रुधन लक्ष्मण के चले जाने से बड़े असहाय से महसूस कर रहे थे।

40

राम का संसार त्याग

राम ने अपने मन में पहले से विचार कर लिया कि अब पृथ्वी पर उनका उद्देश्य पूरा हो चुका है। उन्होंने लव और कुश को अलग-अलग देशों का राजा बना दिया। लक्ष्मण के पहले स्वर्ग चले जाने से राम को उनकी जुदाई सहन करना मुश्किल लग रहा था। अब वह भी उसी प्रकार स्वर्ग प्रस्थान करना चाहते थे। स्वर्ग प्रस्थान करने से पहले वह भरत को अयोध्या का राजा घोषित करना चाहते थे लेकिन भरत उनके साथ ही जाने को इच्छुक थे। राम ने शत्रुधन को बुलाया तो वह भी उनके साथ जाने के लिए तैयार हो गये। उनकी दृढ़ भक्तिभाव को देखकर राम उन सबको अपने साथ ले जाने के लिए तैयार हो गये।

इसके पश्चात् वे सभी पवित्र सरयू नदी के जल में प्रवेश कर गये। यह देखकर ब्रह्मा अन्य देवताओं के साथ वहाँ उपस्थित हुए और राम तथा उनके दोनों भाइयों को दैवीय रथ पर बिठाकर स्वर्ग ले गये। रामायण की कहानी का यही चरमोत्सर्ग है, जो कोई रामायण की चौपाइयों की श्रद्धा और भक्तिभाव के साथ पाठ करता है उनके जीवन में सदैव सुख शान्ति और समृद्धि बनी रहती है।

VALUE PACKS

LEARNING COURSE

COMPREHEANSIVE COMPUTER LEARNING

व्यक्तित्त्व विकास हेतु

CRASH COURSE

CONCISE DICTIONARIES

संक्षिप्त शब्दकोश

BUSINESS ECONOMICS DICTIONARY

Campus to Corporate

सम्पूर्ण आत्म-विकास

महिलोपयोगी

छात्रोपयोगी

SECURE A JOB

QUIZ TIME
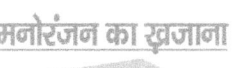

मनोरंजन का ख़ज़ाना

Contact us at sales@vspublishers.com

CAREER & BUSINESS MANAGEMENT
(कैरियर एण्ड बिजनेस मैनेजमेंट)

(Kannada)

(Kannada)

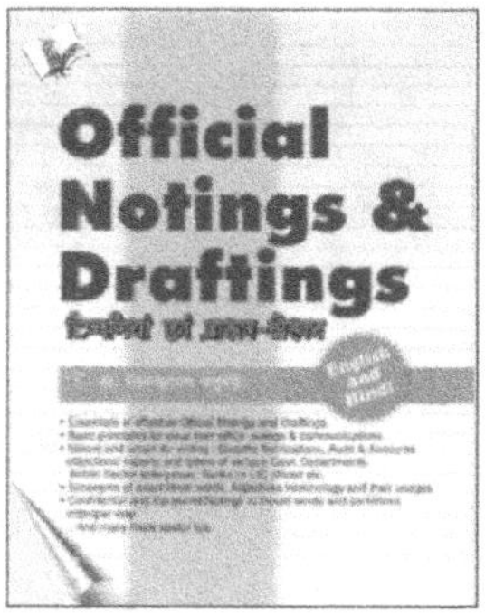

STRESS MANAGEMENT (तनाव मुक्ति) | Audio Book

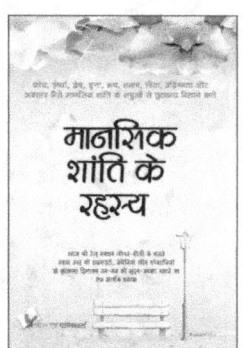

All books available at www.vspublishers.com

ALL TIME BESTSELLERS

PERSONALITY DEVELOPMENT
(व्यक्तित्व विकास)

Contact us at sales@vspublishers.com

SELF-HELP/SELF IMPROVEMENT
(आत्म-सुधार/आत्म-विकास)

ALL TIME BESTSELLERS

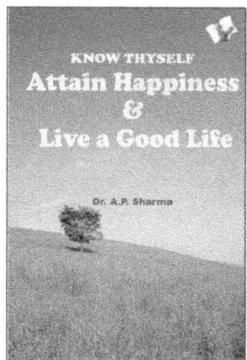
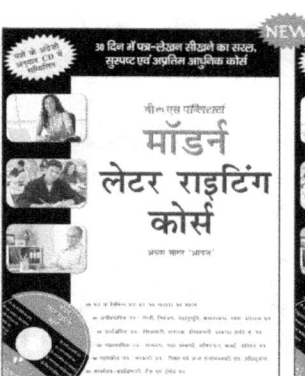

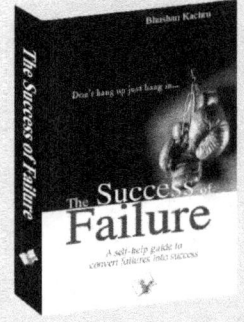

All books available at www.vspublishers.com

Quiz Books
(प्रश्नोत्तरी की पुस्तकें)

ENGLISH IMPROVEMENT
(अंग्रेजी सुधार)

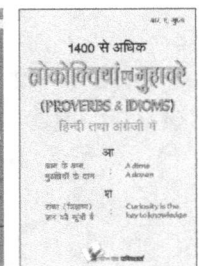

DRAWING BOOKS (ड्राइंग बुक्स)

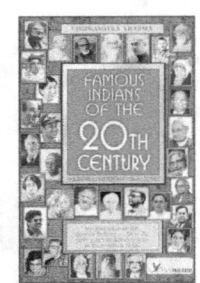

QUOTES/SAYINGS (उद्धरण/सूक्तियाँ)

BIOGRAPHIES (आत्म कथाएँ)

PUZZLES (पहेलियाँ)

COMPUTER

ACTIVITIES BOOK (एक्टिविटीज बुक)

Contact us at sales@vspublishers.com

POPULAR SCIENCE (लोकप्रिय विज्ञान)

CHILDREN'S ENCYCLOPEDIA
THE WORLD OF KNOWLEDGE

All Books in Full Colour
Free CD for additional reference
Set of 5 Books in Attractive Gift Box

Code: 02147 P • Price: ₹ 800

MISCELLANEOUS

Set Code: 02122 S Set Code: 12138 S

71 SERIES (71 श्रृंखला)

All books available at www.vspublishers.com

STUDENT DEVELOPMENT/LEARNING
(छात्र विकास/लर्निंग)

COMPREHENSIVE COMPUTER LEARNING (CCL)

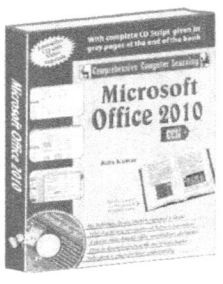

JOKES (हास्य)

12602 P • ₹ 60 • 144 pp

HINDI LITERATURE
(हिन्दी साहित्य)

NEW

MUSIC (संगीत)

MAGIC & FACT (जादू एवं तथ्य)

TALES & STORIES
(कथा एवं कहानियाँ)

NEW All Books Fully Coloured

NEW

13004 P • ₹ 120 (Colour) • 64 pp

MYSTERIES (रहस्य)

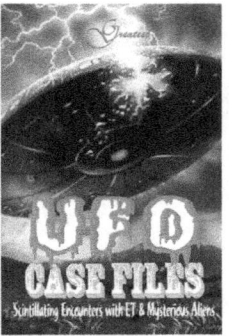

www.ingramcontent.com/pod-product-compliance
Lightning Source LLC
Chambersburg PA
CBHW080815190426
43197CB00041B/2877
* 9 7 8 9 3 5 0 5 7 0 8 7 6 *